fragmentos de tempos

dió christofoletti

poemas

1999 – 2010

Soli Deo Gloria

Quadras que se querem populares

Nós já vamos para Cuba
cubra e descubra
de que lado nasce a Lua
nua a mais nua alegria

25.04.1999

Quando ela passa
singela graça
ninguém imagina
quanta graça

25.04.1999

Quadrúpida

cela de cadeia
cela de mosteiro
sela de cavalo
sela de selar

04.05.1999

Sol quadrado

presos na cadeia
cadeia alimentar
cadeia de consumo
reação em cadeia

04.05.1999

Santo de casa
não faz milagre
vinho da casa
não dá ressaca

04.05.1999

A partir de hoje percebi
mamãe me pariu na Sapucaí
então foi que concluí
samba bonito aqui e ali

09.05.1999

Verde azulada
a água da sarjeta
mansa e vazia
um terno sorriso me sorria

09.05.1999

algo vive em minha morte
algo morte em minha sorte
algo sorte que me suporte
algo em minha noite é consorte

17.05.1999

mundo namora bola
a gente deita e rola
marola pra mim rebola
embola língua corpo mola

20.05.1999

vírus no micro
reciclar idéias
formatar a vida
realidade virtual

31.05.1999

na madrugada
mais veloz
mais lento
não se para

03.06.1999

na hora H
no dia D
quando foi pagá pra vê
pagá com que

08.06.1999

vermelho farol
verde carro
feito estrago
carne no anzol

11.06.1999

Lua laranja
partida ao meio
partida chegada
caminho do meio

18.08.1999

diário de sonho

Ventre

nasço dentro da dança
do suspiro que apalpa
cada suspiro alívio
folguedos de mares e amores
planando na borda do desejo
jazem no fundo da vontade

no fundo do mar   ostras gigantes   ajuda insuspeita
decorar a letra   lesmas marinhas   dentro da nota
cantar o que sei   gente amiga   remota sonha

sou água fluidez e sofrimento
pensamento lento de cachoeira
arrebentando na vaga da praia
renascendo quando está chovendo

25.02.2000

por força
da boa vontade
vagabundos e falsários
tornam-se heróis

09.03.2000

no palco
prostitutas falam
das contra indicações
da profissão

tornar-se editor
montar e desmontar
a realidade

09.03.2000

hipopótamo pequenino
alegre
brinca no jardim

11.03.2000

a Tropicália
em procissão
sob a chuva
sobre a lama

13.03.2000

o homem mosca
teme a teia
que ele próprio
enredou

16.03.2000

amigo distante
encontrá-lo em sonho
real   presente

20.03.2000

me escondo
o quanto for
você sempre
me descobre

20.03.2000

a Lua e o Sol
lado a lado
sobre o morro
entre
o dia e a noite
não sei por que

13.05.2000

sentir sua presença
já vale sua presença

22.05.2001

com a boca no trombone
posso tocar uma melodia
doce

28.05.2001

arquivo da mente
um salão branco
Deus opera minha
memória

27.07.2001

a um grupo
explico
o léxico de Duna

30.07.2001

dentro do sonho
estou acordado

07.09.2001

na são luís onírica

praia de pedra
onde vou visitar
ferreira Gullar

07.04.2003

no sonho explico

há um só rebanho
há um só pastor
o Senhor

07.05.2003

Hallelu Yah

junto as letras
Deus planta a beleza
entre elas

22.02.2002

Toda prática, por mais agradável
que seja, deve ser interrompida
de tempos em tempos, a fim de
verificar se conseguimos nos
apartarmos dela. Caso negativo
devemos pensar se existe uma
dependência não percebida.
Caso positivo, devemos pensar
sobre a necessidade da prática.

25.03.2002

o aspecto mais cruel
do vício é o fato do que
o que o viciado procura
não está no objeto
causador do vício

25.03.2002

faço o que posso
Deus o impossível

06.06.2002

fomos criados

para   sermos

livres
felizes
sábios
bondosos
e conscientes

25.06.2002

a tentação é o caminho do santo

28.06.2002

o que nós temos
de mais
obsessivo
vicioso
torpe
e vil
é o que nos aprisiona

08.07.2002

no branco deste inconsciente
o preto de minhas letras
cristalizadas do verbo incansável
traduz a palavra
Deus

18.07.2002

o couro que me cobre a carne
se rebela contra minha essência
a aparência aparece e desaparece
sigo meu caminho construindo arquiteturas
arquétipos aquários arquipélagos
voa silencioso o céu sobre a terra
na face muda das águas da Vida
falo a palavra que recebo da boca de Deus
enquanto espero o batismo do Espírito

24.07.2002

onde a Palavra
não fica a guerra
não finda

05.08.2002

na queda de braço
contra o inevitável
Deus
o impossível vence

05.11.2002

letra ereta
palavra alada
o Verbo

25.11.2002

fique atento
há tentáculos do tentador
a te tentar

29.11.2002

que cale o homem e fale Cristo
que silencie o homem e pense Cristo
que pare o homem e aja Cristo
que aquiete o homem e sinta Cristo
que recue o homem e avance Cristo
que diminua o homem e cresce Cristo
que morra o homem e viva Cristo

27.12.2002

quanto maior a prova
tanto maior a vitória

tanto maior a vitória
quanto maior a prova

15.01.2003

não quero ver o mundo da janela
nem quero ver a vida pelo retrovisor
quero ver tudo com os olhos
com os olhos de nosso Senhor

14.02.2003

oração melhor a ção

17.02.2003

ídolos

estátua estulta
não escuta tua
súplica
não vê tua vida
não sente tua dor
nada diz a teu
clamor

07.04.2003

exulta
exorta
busca o Pai

ama
proclama
o nome do Filho

ora
labora
espera o Espírito

13.02.2003

Ele fala
em meu silêncio

Ele age
em minha quietude

Ele opera
em minha paz

Ele orienta
em meu caminhar

Ele edifica
em meu labor

Ele cura
em meu louvor

Ele liberta
em meu clamor

Ele responde
em meu orar

01.06.2003

o concreto já
rachou
de suas trincas
brotam
folhas verdes
Esperança que
nunca morre

24.07.2003

cruz vazia
cova aberta
você alerta
o Senhor da Vida
vivo está

28.08.2003

fim dos tempos

o tempo urge
a fera ruge
os dentes
rangem

30.11.2003

fim dos tempos

o tempo urge
a fera ruge
o povo
clama

01.03.2004

às vezes
me sinto como
o cravo em
Cristo

03.05.2004

as Leis do Senhor

me ensinai

ó Sinai

minha salvação

ó Sião

22.10.2004

olhos nas naus

28.08.2009

quem cala
é que sente

12.02.2010

www.ingramcontent.com/pod-product-compliance
Lightning Source LLC
Chambersburg PA
CBHW071335140726
47996CB00005B/1986